Ricette Di Tutti i Giorni per La Dieta Vegetariana 2021

Ricette Vegetariane Facili a Basso Contenuto di Carboidrati Per Perdere Peso e Migliorare Il Vostro Stile Di Vita

Rebecca Queen
Sara Lombardo

Il contenuto all'interno di questo libro è stato derivato da varie fonti. Si prega di consultare un professionista autorizzato prima di tentare qualsiasi tecniche delineata in questo libro.

Leggendo questo documento, il lettore concorda sul fatto che in nessun caso l'autore è responsabile di eventuali perdite, dirette o indirette, subite a seguito dell'uso delle informazioni contenute nel presente documento, inclusi, a titolo pertanto non limitato, errori, omissioni o imprecisioni.

Indice dei contenuti

COLAZIONE E FRULLATI

Semplice mix di tofu

Tempo di preparazione: 10 minuti

Tempo di cottura: 10 minuti

Porzioni: 4

ingredienti:

- 1 libbra di tofu extra fermo, al cubo
- 1 tazza di patate dolci, tritate
- 3 spicchi d'aglio tritati
- 2 cucchiai di semi di sesamo
- 1 cipolla gialla, tritata
- 2 cucchiaini di olio di semi di sesamo
- 1 carota, tritata
- 1 cucchiaio di tamari
- 1 cucchiaio di aceto di riso
- 2 tazze piselli da neve, dimezzati
- 1/3 tazza di calcio vegetariano
- 2 cucchiai di salsa al peperone rosso
- 2 cucchiai di scalogno, tritati
- 2 cucchiai di pasta tahini

Indicazioni:

1. Imposta la tua pentola istantanea in modalità saltata, aggiungi olio, scaldalo, aggiungi patate dolci, cipolla e carote, mescola e tempo di cottura: per 2 minuti.

2. Aggiungere aglio, metà dei semi di sesamo, tofu, aceto, tamari e stock, mescolare e cooking time: per altri 2 minuti.

3. Pentola di copertura e tempo di cottura: in alto per altri 3 minuti.

4. Aggiungere piselli, il resto dei semi di sesamo, cipolle verdi, pasta tahini e salsa al pepe, mescolare, coprire e tempo di cottura: su Basso per 1 minuto in più.

5. Dividere in ciotole e servire per la colazione.

6. godere!

Nutrizione: calorie 172, grasso 7, fibra 1, carboidrati 20, proteine 6

Hamburger per la colazione

Tempo di preparazione: 10 minuti

Tempo di cottura: 30 minuti

Porzioni: 4

ingredienti:

- 1 tazza funghi, tritati
- 2 cucchiaini di zenzero, grattugiato
- 1 tazza cipolla gialla, tritata
- 1 tazza lenticchie rosse
- 1 patata dolce, tritata
- 2 e 1/2 tazze di calcio vegetariano
- 1/4 tazza semi di canapa
- 1/4 tazza prezzemolo, tritato
- 1 cucchiaio di curry in polvere
- 1/4 tazza coriandolo, tritato
- 1 tazza di avena veloce
- 4 cucchiai di farina di riso

Indicazioni:

1. Impostare la pentola istantanea in modalità saltata, aggiungere cipolla, funghi e zenzero, mescolare e soffriggere per 2 minuti.

2. Aggiungere lenticchie, stock e patate dolci, mescolare, coprire e tempo di cottura: in alto per 6 minuti.

3. Lasciare da parte questa miscela per raffreddare, schiacciare usando un masher di patate, aggiungere prezzemolo, canapa, curry in polvere, coriandolo, avena e farina di riso e mescolare bene.

4. Modella 8 polpette da questo mix, disponile tutte su una teglia foderata, introduci in forno a 375 gradi F e cuoci per 10 minuti su ciascun lato.

5. Dividere tra i piatti e servire per la colazione.

6. godere!

Nutrizione: calorie 140, grassi 3, fibre 4, carboidrati 14, proteine 13

Avena di zucca

Tempo di preparazione: 10 minuti

Tempo di cottura: 3 minuti

Porzioni: 6

ingredienti:

- 4 e 1/2 tazze di acqua
- 1 e 1/2 tazze avena tagliata in acciaio
- 2 cucchiaini di cannella in polvere
- 1 cucchiaino di estratto di vaniglia
- 1 cucchiaino di allspice
- 1 e 1/2 tazza di purea di zucca
- 1/4 tazza noci pecan, tritate

Indicazioni:

1. Nella tua pentola istantanea, mescolare l'acqua con avena, cannella, allspice alla vaniglia e purea di zucca, mescolare, coprire e cooking time: su High per 3 minuti.
2. Dividere in ciotole, mescolare di nuovo, raffreddare e servire con noci pecan in cima.
3. godere!

Nutrizione: calorie 173, grasso 1, fibra 5, carboidrati 20, proteine 6

Gnocchi vegetariani

Tempo di preparazione: 10 minuti

Tempo di cottura: 15 minuti

Porzioni: 6

ingredienti:

- 1 cucchiaio di olio d'oliva
- 1 tazza funghi, tritati
- 1 e 1/2 tazze cavolo, tritato
- 1/2 tazza carote, grattugiate
- 1 e 1/2 tazze di acqua
- 2 cucchiai di salsa di soia
- 1 cucchiaino di zenzero, grattugiato
- 1 cucchiaio di aceto di vino di riso
- 1 cucchiaino di olio di sesamo
- 12 involucri di gnocchi vegani

Indicazioni:

1. Imposta la tua pentola istantanea in modalità saltata, aggiungi olio d'oliva, scaldalo, aggiungi funghi, mescola e tempo di cottura: per 2 minuti.

2. Aggiungere carota, cavolo, salsa di soia e aceto, mescolare e cooking time: per altri 3 minuti.

3. Aggiungere olio di sesamo e zenzero, mescolare e trasferire tutto in una ciotola.

4. Disporre tutti gli involucri su una superficie di lavoro, dividere la miscela vegetariana, avvolgerli e sigillare con un po 'd'acqua.

5. Aggiungi l'acqua alla tua pentola istantanea, aggiungi cestino del piroscafo, aggiungi gnocchi all'interno, copri la pentola e il tempo di cottura: in alto per 7 minuti.

6. Dividere tra i piatti e servire per la colazione.

7. godere!

Nutrizione: calorie 100, grassi 2, fibra 1, carboidrati 9, proteine 3

Ciotola di riso per la colazione

Tempo di preparazione: 10 minuti

Tempo di cottura: 30 minuti

Porzioni: 4

ingredienti:

- 1 cucchiaio di olio d'oliva
- 2 cucchiai chana masala
- 1 cipolla rossa, tritata
- 1 cucchiaio di zenzero, grattugiato
- 1 cucchiaio di aglio, tritato
- 1 tazza di ceci
- 3 tazze d'acqua
- Un pizzico di sale e pepe nero
- 14 once pomodori, tritati
- 1 e 1/2 tazze di riso integrale

Indicazioni:

1. Impostare la pentola istantanea in modalità saltata, aggiungere l'olio, scaldarlo, aggiungere cipolla, mescolare e tempo di cottura: per 7 minuti.

2. Aggiungere sale, pepe, chana masala, zenzero e aglio, mescolare e cooking time: per 1 minuto in più.

3. Aggiungere pomodori, ceci, riso e acqua, mescolare, coprire e tempo di cottura: in alto per 20 minuti.

4. Mescolare un'altra volta, dividere in ciotole e servire
   per la colazione.

5. godere!

Nutrizione: calorie 292, grassi 4, fibra 3, carboidrati 9, proteine
10

Budino tapioca

Tempo di preparazione: 10 minuti

Tempo di cottura: 8 minuti

Porzioni: 4

ingredienti:

- 1/3 tazza perle tapioca
- 1/2 tazza di acqua
- 1 e 1/4 tazze di latte di mandorla
- 1/2 tazza stevia
- Scorza da 1/2 limone grattugiato

Indicazioni:

1. In una ciotola a prova di calore, mescolare la tapioca con latte di mandorla, stevia e scorza di limone e mescolare bene.
2. Aggiungi l'acqua alla tua pentola istantanea, aggiungi cestino a vapore e ciotola a prova di calore all'interno, copertura e tempo di cottura: in alto per 8 minuti.
3. Mescolare il budino e servire per la colazione.
4. godere!

Nutrizione: calorie 187, grassi 3, fibra 1, carboidrati 18, proteine 3

Millet And Veggie Mix

Tempo di preparazione: 10 minuti

Tempo di cottura: 16 minuti

Porzioni: 4

ingredienti:

- 1 tazza miglio
- 1/2 tazza funghi ostrica, tritati
- 2 spicchi d'aglio tritati
- 1/2 tazza lenticchie verdi
- 1/2 tazza bok choy, tritato
- 2 e 1/4 tazze di calcio vegetariano
- 1 tazza cipolla gialla, tritata
- 1 tazza di asparagi, tritati
- 1 cucchiaio di succo di limone
- 1/4 tazza prezzemolo ed erba cipollina, tritati

Indicazioni:

1. Imposta la tua pentola istantanea in modalità saltata, scaldala, aggiungi aglio, cipolla e funghi, mescola e tempo di cottura: per 2 minuti.

2. Aggiungere lenticchie e miglio, mescolare e cuocere il tempo: per qualche secondo in più.

3. Aggiungere stock, mescolare, coprire e tempo di cottura: in alto per 10 minuti.

4. Aggiungere asparagi e bok choy, mescolare, coprire e lasciare tutto da parte per 3 minuti.

5. Aggiungere prezzemolo e erba cipollina e succo di limone, mescolare, dividere in ciotole e servire a colazione.

6. godere!

Nutrizione: calorie 172, grassi 3, fibre 8, carboidrati 19, proteine 5

Curry di quinoa ricco

Tempo di preparazione: 10 minuti

Tempo di cottura: 12 minuti

Porzioni: 6

ingredienti:

- 1 patata dolce, tritata
- 1 testa di broccoli, cimette separate
- 1 cipolla gialla piccola, tritata
- 15 once di ceci in scatola, drenato
- 28 once di pomodori in scatola, tritati
- 14 once di latte di cocco
- 1/4 tazza quinoa
- 1 cucchiaio di zenzero, grattugiato
- 2 spicchi d'aglio tritati
- 1 cucchiaio di curcuma, macinato
- 2 cucchiaini di salsa tamari
- 1 cucchiaino di peperoncino fiocchi
- 1 cucchiaino di miso

Indicazioni:

1. Nella tua pentola istantanea, mescola patate con broccoli, cipolla, ceci, pomodori, latte, quinoa, zenzero, aglio, curcuma, salsa tamari, peperoncino e miso, mescola, copri e tempo di cottura: in alto per 12 minuti.

2. Mescolare un'altra volta, dividere in ciotole e servire per la colazione.

3. godere!

Nutrizione: calorie 400, grassi 20, fibra 11, carboidrati 50, proteine 12

Principali

Mix di broccoli facili

Tempo di preparazione: 10 minuti

Tempo di cottura: 20 minuti

Porzioni: 4

ingredienti:

- 2 teste di broccoli, cimette separate
- Succo di 1/2 limone
- 1 cucchiaio di olio d'oliva
- 2 cucchiaini di paprika dolce
- Sale e pepe nero al gusto
- 3 spicchi d'aglio tritati
- 1 cucchiaio di semi di sesamo

Indicazioni:

1. In una ciotola mescolare i broccoli con succo di limone, olio d'oliva, paprika, sale, pepe e aglio, mescolare per rivestire, trasferire nel cestino della friggitrice d'aria, Cooking Time: a 360 gradi G per 15 minuti, cospargere i semi di sesamo, Tempo di cottura: per 5 minuti in più e dividere tra i piatti.
2. Servi subito.
3. godere!

Nutrizione: calorie 156, grassi 4, fibra 3, carboidrati 12,
proteine 5

Pasta di zucchine ricca di proteine

Tempo di preparazione: 30 minuti

Porzioni: 2

ingredienti

- Pasta: 1 tazza (dopo cotta)
- Olio d'oliva: 1 cucchiaio
- Brodo vegetale: 1/2 tazza
- Fagioli neri: 1 tazza
- Aglio: 2 spicchi tritati
- Zucchine: 1 tazza a dadini
- Cipolla rossa: 1 piccolo a dadini
- Peperoncino in polvere: 1 cucchiaino
- Cumino: 1 cucchiaino
- Sale: 1 cucchiaino
- Pepe nero: 1/2 cucchiaino
- Coriandolo fresco: 2 cucchiai

Indicazioni:

1. Prendi una grande casseruola e aggiungi olio d'oliva e scaldati a fiamma media

2. Includi cipolla e aglio nella padella e tempo di cottura: per un minuto

3. Ora aggiungi zucchine, fagioli neri, cumino, sale, peperoncino in polvere e brodo

4. Mescolare il cucchiaio e lasciarli bollire

5. Abbassare il calore e il coperchio e il tempo di cottura: per 10 minuti

6. Nel frattempo, Cooking Time: pasta secondo le istruzioni del pacchetto

7. Al termine, aggiungere ai fagioli

8. Cospargere sale, pepe e coriandolo in cima e servire

nutrizione:

Carboidrati: 28.15g

Proteine: 12.35g

Grassi: 8.5g

Calorie: 287Kcal

Funghi a letto

Tempo di preparazione: 10 minuti

Tempo di cottura: 12 minuti

Porzioni: 3

ingredienti:

- 10 funghi ostrica, steli rimossi
- 1 cucchiaio di origano misto e basilico essiccato
- 1 cucchiaio di formaggio di anacardio, grattugiato
- Un filo d'olio d'oliva
- 1 cucchiaio di aneto, tritato
- Sale e pepe nero al gusto

Indicazioni:

1. Condire i funghi con sale, pepe, erbe miste, cospargere l'olio su di essi, metterli nella friggitrice d'aria e nel tempo di cottura: a 360 gradi F per 6 minuti.
2. Aggiungere formaggio di anacardio e aneto, Tempo di cottura: per altri 6 minuti, dividere tra piatti e servire.
3. godere!

Nutrizione: calorie 210, grassi 7, fibra 1, carboidrati 12, proteine 6

Patate aglio

Tempo di preparazione: 10 minuti

Tempo di cottura: 40 minuti

Porzioni: 3

ingredienti:

- 3 patate grandi, sbucciate e tagliate a spicchi
- Sale e pepe nero al gusto
- 2 cucchiai di olio d'oliva
- 1 cucchiaino di paprika dolce
- 2 cucchiai di aglio, tritati
- 1 cucchiaio di prezzemolo, tritato

Indicazioni:

1. Mettere le patate nel cestino della friggitrice d'aria, aggiungere sale, pepe, aglio, prezzemolo, paprika e olio, spremere per ricoprire e cooking time: a 392 gradi F per 40 minuti.
2. Dividili tra i piatti e servili caldi.
3. godere!

Nutrizione: calorie 123, grasso 1, fibra 2, carboidrati 21, proteine 3

Mix di funghi francesi

Tempo di preparazione: 10 minuti

Tempo di cottura: 25 minuti

Porzioni: 4

ingredienti:

- 2 libbre di funghi, dimezzati
- 2 cucchiaini di erbe de Provence
- 1/2 cucchiaino di aglio in polvere
- 1 cucchiaio di olio d'oliva

Indicazioni:

1. Scaldare una padella con l'olio a fuoco medio, aggiungere erbe e scaldarle per 2 minuti.
2. Aggiungere funghi e aglio in polvere, mescolare, introdurre la padella nel cestino della friggitrice d'aria e il tempo di cottura: a 360 gradi F per 25 minuti.
3. Dividere tra piatti e servire.
4. godere!

Nutrizione: calorie 152, grassi 2, fibra 4, carboidrati 9, proteine 7

Spaghetti alla salsa di pomodoro all'aglio crudo

Tempo di preparazione: 15 minuti

Porzioni: 2

ingredienti

- Spaghetti: 1 tazza (dopo la cottura)
- Pomodorini: 4 dimezzati
- Cipollotti: 3 tritati
- Aglio: 3 spicchi tritati
- Aceto: 3 cucchiai
- Olio d'oliva: 2 cucchiai
- Tabasco: 5 trattini
- Sale: secondo i tuoi gusti
- Pepe: secondo i tuoi gusti
- Basilico: 2 cucchiai strappati

Indicazioni:

1. Prendi una ciotola e aggiungi pomodorini, aglio tritato, olio d'oliva, aceto, Tabasco, cipollina e molto sale e pepe
2. Tempo di cottura: spaghetti secondo le istruzioni del pacchetto
3. Scolate la pasta ma tenete 2 cucchiai d'acqua e aggiungete al sugo
4. Frullare la salsa rimuovendo i pomodori

5. Aggiungere la pasta al sugo e mescolare nei pomodori

6. Top con basilico e servire

nutrizione:

Carboidrati: 21.8g

Proteine: 8.45g

Grassi: 15.95g

Calorie: 379Kcal

Gustoso mix vegetariano

Tempo di preparazione: 10 minuti

Tempo di cottura: 15 minuti

Porzioni: 4

ingredienti:

- 2 cipolle rosse, tagliate a pezzi
- 2 zucchine, tagliate a pezzi medi
- 3 pomodori, tagliati a spicchi
- 1/4 tazza olive nere, snocciolato e tagliato a metà
- 1/4 tazza di olio d'oliva
- Sale e pepe nero al gusto
- 1 spicchio d'aglio, tritato
- 1 cucchiaio di senape
- 1 cucchiaio di succo di limone
- 1/2 tazza prezzemolo, tritato

Indicazioni:

1. Nella padella dell'aria, mescolare la cipolla con zucchine, olive, pomodori, sale, pepe, olio, aglio, senape e succo di limone, mescolare, coprire e cooking time: a 370 gradi F per 15 minuti.

2. Aggiungere prezzemolo, snosare, dividere tra le piastre e servire.

3. godere!

Nutrizione: calorie 210, grasso 1, fibra 4, carboidrati 7, proteine 11

Stufato di patate

Tempo di preparazione: 10 minuti

Tempo di cottura: 25 minuti

Porzioni: 4

ingredienti:

- 2 carote, tritate
- 6 patate, tritate
- Sale e pepe nero al gusto
- 1 quarto di stock vegetariano
- 1/2 cucchiaino di paprika affumicata
- Una manciata di timo, tritato
- 1 cucchiaio di prezzemolo, tritato

Indicazioni:

1. Nella friggitrice d'aria mescolare carote, patate, stock, sale, pepe, paprika, prezzemolo e timo, mescolare e cuocere il tempo: a 375 gradi F per 25 minuti.

2. Dividi in ciotole e servi subito.

3. godere!

Nutrizione: calorie 200, grassi 5, fibra 1, carboidrati 20, proteine 14

Pesto Rosso

Tempo di preparazione: 10 minuti

Porzioni: 4

ingredienti

- Pasta: 4 tazze cotte
- Cavolo rosso: 1 testa piccola
- Aglio: 2 spicchi d'aglio
- Succo di limone: 3 cucchiai
- Pepe: 1/2 cucchiaino
- Mandorle macinate: 2 cucchiai
- Olio extravergine di oliva: 3 cucchiai
- Sale: secondo le tue esigenze
- Salsa al peperoncino: 1 cucchiaio

Indicazioni:

1. Preparare la pasta secondo le istruzioni del pacchetto
2. Cavolo arrosto in forno per 10 minuti a 160C
3. Prendi un frullatore e aggiungi tutti gli ingredienti tra cui cavolo arrosto
4. Frullarli bene
5. Mescolare la pasta alla pasta e condire con più sale e pepe

nutrizione:

Carboidrati: 31.8g

Proteine: 13.8g

Grassi: 35.2g

Calorie: 468Kcal

Mix di verdure greche

Tempo di preparazione: 10 minuti

Tempo di cottura: 20 minuti

Porzioni: 4

ingredienti:

- Una manciata di pomodorini, dimezzati
- Sale e pepe nero al gusto
- 1 pastinaca, tritata grossolanamente
- 1 zucchine, tritate grossolanamente
- 1 peperone verde, tagliato a strisce
- 1 carota, affettata
- 2 cucchiai di stevia
- 1 cucchiaio di prezzemolo, tritato
- 2 cucchiaini di aglio, tritati
- 6 cucchiai di olio d'oliva
- 1 cucchiaino di senape

Indicazioni:

1. Nella friggitrice ad aria, mescolare le zucchine con

peperone, pastinaca, carota, pomodori, metà dell'olio, sale e pepe e Tempo di cottura: a 360 gradi F per 15 minuti.

2. In una ciotola mescolare il resto dell'olio con sale, pepe, stevia, senape, prezzemolo e aglio e sbattere

3. Versare questo su verdure, gettare a ricoprire, Tempo di cottura: per altri 5 minuti a 375 gradi F, dividere tra piatti e servire.

4. godere!

Nutrizione: calorie 234, grassi 2, fibra 4, carboidrati 12, proteine 7

Stufato di zucca

Tempo di preparazione: 10 minuti

Tempo di cottura: 30 minuti

Porzioni: 8

ingredienti:

- 2 carote, tritate
- 1 cipolla gialla, tritata
- 2 gambi di sedano, tritati
- 2 mele verdi, cored, sbucciate e tritate
- 4 spicchi d'aglio tritati
- 2 tazze zucca butternut, sbucciata e cubetti
- 6 once di ceci in scatola, drenato
- 6 once di fagioli neri in scatola, sgocciolato
- 7 once di latte di cocco in scatola
- 2 cucchiaini di peperoncino in polvere
- 1 cucchiaino di origano, essiccato
- 1 cucchiaio di cumino, macinato
- 2 tazze veggie stock
- 2 cucchiai di concentrato di pomodoro
- Sale e pepe nero al gusto
- 1 cucchiaio di coriandolo tritato

Indicazioni:

1. Nella friggitrice d'aria, mescolare carote con cipolla, sedano, mele, aglio, zucca, ceci, fagioli neri, latte di cocco, peperoncino in polvere, origano, cumino, brodo, concentrato di pomodoro, sale e pepe, mescolare, coprire e tempo di cottura: a 370 gradi F per 30 minuti

2. Aggiungere coriandolo, mescolare, dividere in ciotole e servire caldo.

3. godere!

Nutrizione: calorie 332, grassi 6, fibra 8, carboidrati 12, proteine 6

Mais con tofu

Tempo di preparazione: 10 minuti

Tempo di cottura: 15 minuti

Porzioni: 4

ingredienti:

- 4 tazze di mais
- Sale e pepe nero al gusto
- 1 cucchiaio di olio d'oliva
- Succo di 2 lime
- 2 cucchiaino di paprika affumicata
- 1/2 tazza tofu morbido, sbriciolato

Indicazioni:

1. Nella friggitrice d'aria, mescolare l'olio con mais, sale, pepe, succo di lime e paprika, mescolare bene, coprire e tempo di cottura: a 400 gradi F per 15 minuti.

2. Dividere tra i piatti, cospargere il tofu si sbriciola dappertutto e servire caldo.

3. godere!

Nutrizione: calorie 160, grassi 2, fibra 2, carboidrati 12, proteine 4

Patate "al forno"

Tempo di preparazione: 10 minuti

Tempo di cottura: 40 minuti

Porzioni: 3

ingredienti:

- 3 grandi patate da forno
- 1 cucchiaino di aneto, tritato
- 1 cucchiaio di aglio, tritato
- Sale e pepe nero al gusto
- 2 cucchiai di olio d'oliva

Indicazioni:

1. Pungere le patate con una forchetta, condire con sale e pepe a piacere, strofinare con l'olio, l'aglio e l'aneto, metterli nel cestino della friggitrice d'aria e nel tempo di cottura: a 392 gradi F per 40 minuti.
2. Dividili tra piatti e servi.
3. godere!

Nutrizione: calorie 130, grassi 2, fibra 3, carboidrati 23, proteine 4

Mix di tofu cinese

Tempo di preparazione: 10 minuti

Tempo di cottura: 20 minuti

Porzioni: 5

ingredienti:

- 2 libbre di tofu fermo, premuto e tagliato a cubetti medi
- 1 cucchiaio di olio di sesamo
- 3 cucchiai di amino di cocco
- 1/2 tazza di calcio vegetariano
- 1 tazza succo di ananas
- 1/4 tazza aceto di riso
- 2 cucchiai di stevia
- 1 cucchiaio di zenzero, grattugiato
- 3 spicchi d'aglio tritati
- 6 anelli di ananas

Indicazioni:

1. Nella friggitrice d'aria, mescolare il tofu con olio di sesamo, amino di cocco, stock, succo di ananas, aceto, stevia, zenzero, aglio e anelli di ananas, mescolare, coprire e a 366 gradi F per 20 minuti

2. Dividere in ciotole e servire.

3. godere!

Nutrizione: calorie 231, grassi 5, fibra 7, carboidrati 16, proteine 4

Mix indiano di cavolfiore

Tempo di preparazione: 10 minuti

Tempo di cottura: 20 minuti

Porzioni: 4

ingredienti:

- 3 tazze cimette di cavolfiore
- Sale e pepe nero al gusto
- Un filo d'olio d'oliva
- 1/2 tazza di calcio vegetariano
- 1/4 di cucchiaino di curcuma in polvere
- 1 e 1/2 cucchiaino di peperoncino rosso in polvere
- 1 cucchiaio di pasta allo zenzero
- 2 cucchiaini di succo di limone
- 2 cucchiai d'acqua

Indicazioni:

1. Nella padella della friggitrice d'aria, mescolare il brodo con cavolfiore, olio, sale, pepe, curcuma, peperoncino in polvere, pasta di zenzero, succo di limone e acqua, mescolare, coprire e cooking time: a 400 gradi F per 10 minuti e a 360 gradi F per altri 10 minuti.

2. Dividere tra ciotole e servire.

3. godere!

Nutrizione: calorie 150, grassi 1, fibra 2, carboidrati 12, proteine 3

Stufato di pomodoro

Tempo di preparazione: 10 minuti

Tempo di cottura: 20 minuti

Porzioni: 6

ingredienti:

- 1 peperone verde, tritato
- 1 tazza di okra
- 1 cipolla gialla piccola, tritata
- 2 spicchi d'aglio tritati
- 3 costolette di sedano, tritate
- 16 once di pomodori in scatola, tritati grossolanamente
- 1 e 1/2 tazze di calcio vegetariano
- 1/2 cucchiaino di paprika
- Un pizzico di sale e pepe nero

Indicazioni:

1. Nella friggitrice ad aria, mescolare il peperone con okra, cipolla, aglio, sedano, pomodori, stock, paprika, sale e pepe, mescolare, coprire e cuocere il tempo: a 360

gradi F per 20 minuti

2. Dividere in ciotole e servire caldo.

3. godere!

Nutrizione: calorie 232, grassi 4, fibra 6, carboidrati 12, proteine 4

Insalata di zucchine e zucca

Tempo di preparazione: 10 minuti

Tempo di cottura: 25 minuti

Porzioni: 4

ingredienti:

- 6 cucchiaini di olio d'oliva
- Zucchine da 1 libbra, tagliate a mezze lune
- 1/2 libbra di carote, a cubetti
- 1 zucca gialla, tagliata a pezzi
- Sale e pepe bianco al gusto
- 1 cucchiaio di dragoncello, tritato
- 2 cucchiai di concentrato di pomodoro

Indicazioni:

1. Nella padella della friggitrice, mescolare l'olio con zucchine, carote, zucca, sale, pepe, dragoncello e pasta

di pomodoro, coprire e cooking time: a 400 gradi F per 25 minuti.

2. Dividere tra piatti e servire.

3. godere!

Nutrizione: calorie 170, grassi 2, fibra 2, carboidrati 12, proteine 5

Mix di fagiolini cinesi

Tempo di preparazione: 10 minuti

Tempo di cottura: 30 minuti

Porzioni: 6

ingredienti:

- 1 libbra di fagiolini, dimezzati
- 1 tazza sciroppo d'acero
- 1 tazza salsa di pomodoro
- 4 cucchiai di stevia
- 1/4 tazza di pasta di pomodoro
- 1/4 tazza senape
- 1/4 tazza di olio d'oliva

- 1/4 tazza aceto di sidro di mele
- 2 cucchiai di amino di cocco

Indicazioni:

1. Nella friggitrice d'aria, mescolare i fagioli con sciroppo d'acero, pasta di pomodoro, stevia, pasta di pomodoro, senape, olio, aceto e amino, mescolare, coprire e cuocere il tempo: a 365 gradi F per 35 minuti.
2. Dividere in ciotole e servire caldo.
3. godere!

Nutrizione: calorie 23, grassi 7, fibra 12, carboidrati 17, proteine 13

Pasta ai ceci ricca di proteine

Tempo di preparazione: 30 minuti

Porzioni: 2

ingredienti

- Pasta: 1 tazza
- Olio d'oliva: 1 cucchiaio
- Ceci: 1 tazza può
- Aglio: 2 spicchi tritati
- Aglio: 1 cucchiaio tritato
- Cipolla rossa: 1 piccolo a dadini

- Cumino: 1 cucchiaino

- Sale: 1 cucchiaino

- Pepe: 1/2 cucchiaino

- Hummus: 1/2 tazza

Indicazioni:

1. Tempo di cottura: pasta secondo le istruzioni del pacchetto

2. Prendi una grande casseruola e aggiungi olio d'oliva e scaldati a fiamma media

3. Includere cipolla, zenzero e aglio nella padella e nel tempo di cottura: per 2-4 minuti

4. Ora aggiungi ceci, cumino, sale e pepe

5. Mescolare il cucchiaio e aggiungere la pasta

6. Abbassare il fuoco e la copertura e il tempo di cottura: per 2 minuti e mescolare in hummus e servire

nutrizione:

Carboidrati: 61.8g

Proteine: 18.9g

Grassi: 18.9g

Calorie: 488Kcal

FIANCHI E INSALATE

Pomodori all'olio d'oliva arrosto

Tempo di preparazione: 1 ora e 50 minuti

Porzioni: 5

ingredienti

- Pomodorini sulla vite: 4-6 grappoli
- Foglie di alloro: 6
- Olio d'oliva: 200ml
- Aglio: 1 bulbo intero tagliato in 1/2
- Pane croccante riscaldato per servire

Indicazioni:

1. Riscaldare il forno a 150C
2. Mettere l'aglio e i pomodori in una teglia, ora aggiungere foglie di alloro e condire
3. Versare l'olio d'oliva su una teglia e coprirlo con un foglio
4. Lasciare cuocere per 1 ora e mezza e poi servirlo con pane croccante

nutrizione:

Carboidrati: 4.6g

Proteine: 1.3g

Grassi: 33.6g

Calorie: 328Kcal

Broccoli arrostiti con arachidi e kecap manis

Tempo di preparazione: 40 minuti

Porzioni: 4

ingredienti

- Broccoli: una grande testa a dadini
- Olio vegetale: 1 cucchiaio
- Salsa di soia dolce: 4 cucchiai
- Cipollotti: 2 affettati
- Aglio grattugiato: 2 spicchi
- Olio di sesamo: 2 cucchiai
- Zenzero: 1 cucchiaio grattugiato
- Fiocchi di peperoncino essiccati: un pizzico
- Arachidi salate: una manciata tritata grossolanamente
- Aceto di riso: 3 cucchiai
- Coriandolo: 1/2 tazza tritata
- Cipolle croccanti pronte: 3 cucchiai
- Acqua: 50ml
- Riso al gelsomino cotto da servire

Indicazioni:

1. Preriscaldare il forno a 180C
2. Prendere una padella grande e aggiungere olio e friggere i broccoli in lotti e stendere sulla teglia

3. Nella stessa padella, friggere aglio, zenzero e fiocchi di peperoncino per un minuto e quindi aggiungere aceto di riso, manis, olio di sesamo e acqua

4. Versare tutta questa miscela sui broccoli e coprire con un foglio

5. Arrostire i broccoli per 20 minuti in forno

6. Mescolare la cipolla croccante e le arachidi salate insieme e cospargere i broccoli cotti

7. Top con coriandolo e servire con riso

nutrizione:

Carboidrati: 22,5 g

Proteine: 9,4 g

Grassi: 12,8 g

Calorie:258 Kcal

Pastinace arrosto con Zhoug

Tempo di preparazione: 35 minuti

Porzioni: 4

ingredienti

- Pastinace: 4 affettate spessamente
- Sale e pepe: secondo i tuoi gusti
- Olio d'oliva: 1 cucchiaio

Per gli Zhoug:

- Prezzemolo a foglia piatta: 1/2 tazza tritata
- Coriandolo: 1/2 tazza tritata
- Aceto: 1 cucchiaio
- Peperoncino verde: 1 tritato
- Aglio:1/2 spicchio tritato
- Cumino macinato: 1/2 cucchiaino

Indicazioni:

1. Preriscaldare il forno a 200C
2. Prendere una teglia e posizionare le pastinace
3. Spennellare l'olio e cospargere di sale e pepe
4. Cuocere per 25-30 minuti fino a quando non teneri
5. Nel frattempo, aggiungere tutti gli ingredienti zhoug al robot da cucina e frullare
6. Aggiungere 3-4 cucchiai d'acqua se necessario

7. Servire pastinace arrosto con zhoug

nutrizione:

Carboidrati: 24g

Proteine: 1,6 g

Grassi: 3.9g

Calorie: 141Kcal

Toast all'aglio arrosto

Tempo di preparazione: 45 minuti

Porzioni: 4

ingredienti

- Aglio bulbi interi: 4

- Olio d'oliva: 400ml

- Pomodorini: 300g dimezzati

- Rametti timo: 6

- Lievito madre tostato: 4 fette

Indicazioni:

1. Preriscaldare il forno a fuoco medio

2. Tagliare l'aglio orizzontalmente e cospargere timo e sale, e aggiungere alla ciotola piena di olio

3. Mettere in forno e tempo di cottura: per 25 minuti fino a quando l'aglio diventa morbido

4. Togliere dal forno e stendere sulla pasta madre tostata

5. Top con pomodorini e servire

nutrizione:

Carboidrati: 38 g

Proteine: 8,8 g

Grassi: 18,2 g

Calorie: 358 Kcal

Pesto di cavolo rosso arrosto

Tempo di preparazione: 10 minuti

Porzioni: 4 come contorno

ingredienti

- Cavolo rosso: 1 testa piccola

- Aglio: 2 spicchi d'aglio

- Succo di limone: 3 cucchiai

- Mandorle macinate: 2 cucchiai

- Olio extravergine di oliva: 3 cucchiai

- Sale: secondo le tue esigenze

- Salsa al peperoncino: 1 cucchiaio

Indicazioni:

1. Cavolo arrosto in forno per 10 minuti a 160C

2. Prendi un frullatore e aggiungi tutti gli ingredienti tra cui cavolo arrosto

3. Frullarli bene

4. Servire con patatine croccanti

nutrizione:

Carboidrati: 11.8g

Proteine: 10.4g

Grassi: 34.2g

Calorie: 366Kcal

ZUPPE E STUFATI

Zuppa di verdure e fagioli

Tempo di preparazione: 15 minuti di cottura: 0 minuti
porzioni: 4

ingredienti

- 1 cucchiaio di olio d'oliva
- 1 cipolla media, tritata
- 3 grandi spicchi d'aglio tritati
- 11/2 tazze cotte o 1 (fagioli cannellini da 15,5 oncia, sgocciolati e risciacquati
- 11/2 tazze cotte o 1 (fagioli rossi scuri da 15,5 oncia, sgocciolati e risciacquati
- 5 tazze di brodo vegetale, fatto in casa (vedi Brothor vegetale leggero acquistato in negozio o acqua
- 1/4 cucchiaino di pepe rosso schiacciato
- Sale e pepe nero appena macinato
- 3 tazze tritate grossolanamente gambo bietola svizzera
- 3 tazze di cavolo gambo tritato grossolanamente

Indicazioni

1. In una grande pentola per zuppe, scaldare l'olio a fuoco

medio. Aggiungere la cipolla, la copertura e il tempo di cottura: fino ad ammorbidirsi, circa 5 minuti. Aggiungere l'aglio e cuocere, scoperto, 1 minuto.

2. Mescolare i fagioli, il brodo, il peperone rosso schiacciato e il sale e il pepe nero a piacere e portare a ebollizione. Ridurre il calore a fuoco lento, scoperto e mescolare i verdi. Continua a tempo di cottura: fino a quando i verdi sono teneri, da 15 a 20 minuti. Servire caldo.

Fagioli neri e zuppa di patate

Tempo di preparazione: 50 minuti

Porzioni: 4

ingredienti

- Patate: 2 tazze pelate e a dadini
- Lattina di fagioli neri: 2 tazze risciacquate e drenato
- Cavolo: 1 tazza tritata
- Cipolla: 1 mezzo tritato finemente
- Aglio: 4 spicchi tritati
- Olio d'oliva: 2 cucchiaino
- Foglie fresche di rosmarino: 2 cucchiai tritati
- Brodo vegetale: 4 tazze
- Sale e pepe nero macinato: secondo i tuoi gusti

Indicazioni:

1. Prendi una grande casseruola e aggiungi olio
2. A fuoco medio, aggiungere cipolle e tempo di cottura: per 6-8 minuti
3. Un rosmarino dd e aglio e mescolare per un minuto
4. Aggiungere patate con sale e pepe e soffriggere per due minuti
5. Versare brodo vegetale e portare a ebollizione
6. Abbassare il calore e il tempo di cottura: per 30 minuti fino a quando le patate diventano morbide

7. Usando la parte posteriore del cucchiaio schiacciare alcune patate

8. Aggiungere cavolo e fagioli alla zuppa e di nuovo Tempo di cottura: per 5 minuti fino a quando non sono teneri

9. Togliere la zuppa dal fuoco e condire con sale e pepe

nutrizione:

Carboidrati: 45,25 g

Proteine: 10,4 g

Grassi: 8,7 g

Calorie: 264 Kcal

Fagioli con brodo garam masala

Tempo di preparazione: 40 minuti

Porzioni: 2

ingredienti

- Lenticchie rosse: 1 tazza
- Pomodori: 1 tazza può fare a dadini
- Fagioli: 1 tazza può risciacquare e drenare
- Garam masala: 1 cucchiaio
- Olio vegetale: 2 cucchiai
- Cipolla: 1 tazza tritata
- Aglio: 3 spicchi tritati
- Cumino macinato: 2 cucchiai
- Paprika affumicata: 1 cucchiaino
- Sedano: 1 tazza tritata
- Sale marino: 1 cucchiaino
- Succo di lime e scorza: 3 cucchiai
- Coriandolo fresco: 3 cucchiai tritati
- Acqua: 2 tazze

Indicazioni:

1. Prendi una grande pentola e aggiungici dell'olio
2. Sulla fiamma media aggiungere aglio, sedano e cipolla

3. Aggiungere sale, garam masala e cumino e mescolare per 5 minuti fino a quando non diventano marroni

4. Aggiungere acqua, lenticchie e pomodori con il succo e portare a ebollizione

5. Portare a ebollizione e scaldare per 25-30 minuti a fiamma bassa

6. Aggiungere il succo di lime e la scorza e i fagioli di vostra scelta e mescolare

7. Servire con coriandolo in cima

nutrizione:

Carboidrati: 51,5 g

Proteine: 19,1 g

Grassi: 15,3 g

Calorie: 420 Kcal

Stufato di fagioli rossi giamaicano

Tempo di preparazione: 10 minuti tempo di cottura: 40 minuti
porzioni: 4

ingredienti

- 1 cucchiaio di olio d'oliva

- 1 cipolla gialla media, tritata

- 2 carote grandi, tagliate a fette da 1/4 pollici

- 2 spicchi d'aglio tritati

- 1 grande patata dolce, sbucciata e tagliata in dadi da 1/4 pollici

- 1/4 cucchiaino di pepe rosso schiacciato

- 3 tazze cotte o 2 (15,5 onciacani fagioli renali rosso scuro, sgocciolati e risciacquati

- 1 (pomodori a dadini da 14,5 oncia, sgocciolati

- 1 cucchiaino di curry caldo o delicato in polvere

- 1 cucchiaino di timo secco

- 1/4 cucchiaino di allspice macinato

- 1/2 cucchiaino di sale

- 1/4 cucchiaino di pepe nero appena macinato

- 1/2 tazza d'acqua

- 1 (13,5 onciacan latte di cocco non zuccherato

Indicazioni

1. In una grande casseruola, scaldare l'olio a fuoco medio. Aggiungere la cipolla e le carote, la copertura e il tempo di cottura: fino ad ammorbidire, 5 minuti.

2. Aggiungere l'aglio, la patata dolce e il peperone rosso schiacciato. Mescolare i fagioli, i pomodori, la polvere di curry, il timo, l'allspice, il sale e il pepe nero.

3. Mescolare l'acqua, coprire e cuocere a fuoco lento fino a quando le verdure sono tenere, circa 30 minuti. Mescolare il latte di cocco e cuocere a fuoco lento, scoperto, per 10 minuti per mescolare i sapori e addensare la salsa. Se si desidera una salsa più spessa, pureare alcune delle verdure con un frullatore ad immersione. Servire immediatamente.

Zuppa di pomodoro lenticchie marroni

Tempo di preparazione: 40 minuti

Porzioni: 2

ingredienti

- Lenticchie marroni: 1 tazza

- Pomodori schiacciati: 2 tazze

- Cipolla: 1 a dadini

- Zenzero: 1 cucchiaio di pasta

- Aglio: 1 cucchiaio di pasta

- Olio vegetale: 2 cucchiai

- Acqua: 4 tazze

- Condimento alle erbe italiane: 1 cucchiaio

- Sale e pepe: secondo i tuoi gusti

Indicazioni:

1. Prendi una grande casseruola e aggiungi olio su una fiamma media

2. Aggiungere la cipolla e la pasta di zenzero e aglio e soffriggere per 3-4 minuti

3. Versare acqua e portare a ebollizione

4. Aggiungere lenticchie e sale e portare a ebollizione

5. Abbassare il calore a medio e tempo di cottura: per 20

minuti con copertura parziale

6. Ora aggiungi pomodori schiacciati alle lenticchie insieme a condimento alle erbe e pepe

7. Tempo di cottura: a fiamma bassa per 15 minuti

8. Aggiungere la miscela al frullatore ad alta velocità per fare la purea

9. Aggiungere sale e pepe per aumentare il gusto

nutrizione:

Carboidrati: 30.8g

Proteine: 12.7g

Grassi: 15.2g

Calorie: 323.2Kcal

Zuppa di mais broccoli

Tempo di preparazione: 40 minuti

Porzioni: 2

ingredienti

- Mais: 2 tazze possono
- Broccoli: 1 tazza
- Patata: 1 tazza
- Spinaci: 3 tazze
- Aglio: 4 spicchi
- Radice di zenzero: 1 cucchiaio grattugiato
- Cipolpo: 4
- Curcuma: 1 cucchiaino
- Succo di limone: 2 cucchiai
- Coriandolo: 1/4 tazza tritata
- Coriandolo macinato: 1 cucchiaino
- Cumino macinato: 1 cucchiaino
- Sale e pepe: secondo i tuoi gusti
- Olio d'oliva: 2 cucchiai
- Brodo vegetale: 4 tazze

Indicazioni:

1. In una grande casseruola e scaldare l'olio d'oliva
2. Schiacciare l'aglio e tritare la parte bianca della cipolla

verde e soffriggere per un minuto

3. Aggiungere coriandolo, cumino, zenzero e curcuma e friggere per un minuto

4. Sbucciare e dadi le patate, lavare gli spinaci e separare le cimette di broccoli e aggiungere alla padella

5. Soffriggerli per 5 minuti e aggiungere brodo vegetale

6. Far bollire e riscaldare a fiamma bassa per 20 minuti

7. Frullare bene la zuppa e condire con sale e pepe

8. Top con mais, succo di limone e foglie di coriandolo

nutrizione:

Carboidrati: 24.35g

Proteine: 4.7g

Grassi: 7.95g

Calorie: 167.5Kcal

Zuppa di anacardi di fagioli neri

Tempo di preparazione: 35 minuti

Porzioni: 3

ingredienti

- Fagioli neri: 1 tazza di lattine

- Anacardi: 1/2 tazza

- Spinaci: 2 tazze tritate

- Cipolla: 1 mezzo

- Zenzero appena grattugiato: 2 cucchiai

- Curry in polvere: 1 cucchiaio di lieve

- Brodo vegetale: 2 tazze

- Olio d'oliva: 2 cucchiai

- Succo di limone: secondo i tuoi gusti

- Aglio: 3 spicchi

- Sale: secondo i tuoi gusti

- Coriandolo fresco: 2 cucchiai

Indicazioni:

1. Prendi una padella grande e aggiungi olio d'oliva

2. Aggiungere cipolla e aglio e friggere per un minuto e aggiungere curry in polvere e zenzero

3. Continuare a friggere per 5 minuti per rendere morbida la cipolla

4. Aggiungere spinaci e brodo vegetale e tempo di cottura: a fiamma media per 10 minuti

5. Ora si fondono con il frullatore a mano

6. Aggiungere anacardi affettati e fagioli neri

7. Aggiungere acqua se necessario e cuocere a fuoco lento per 5 minuti

8. Servire con succo di limone e coriandolo fresco in cima

nutrizione:

Carboidrati: 44.5g

Proteine:21.7g

Grassi: 20.26g

Calorie: 312.66Kcal

Chili sostanzioso

Tempo di preparazione: 10 minuti di cottura: 15 minuti

porzioni: 4

ingredienti

- 1 cipolla, a dadini
- Da 2 a 3 spicchi d'aglio, tritati
- 1 cucchiaino di olio d'oliva, o da 1 a 2 cucchiai d'acqua, brodo vegetale o vino rosso
- 1 (pomodori da 28 onciacan
- 1/4 tazza di pasta di pomodoro o pomodori schiacciati
- 1 (fagioli di 14 onciacan, risciacquati e drenato, o 1 1/2 tazze cotte
- Da 2 a 3 cucchiaini di peperoncino in polvere
- 1/4 cucchiaino di sale marino
- 1/4 tazza di coriandolo fresco o foglie di prezzemolo

Indicazioni

1. Preparare gli ingredienti.
2. In una grande pentola, soffriggere la cipolla e l'aglio nell'olio, circa 5 minuti. Una volta morbidi, aggiungere i pomodori, la pasta di pomodoro, i fagioli e il peperoncino in polvere. Condire con il sale.
3. Lascia sobbollire per almeno 10 minuti o per tutto il tempo che vuoi. I sapori miglioreranno più a lungo

bolle, ed è ancora meglio come avanzi.

4. Guarnire con coriandolo e servire.

Nutrizione: Calorie: 160; Proteine: 8g; Grasso totale: 3g; Grassi
saturi: 11g; Carboidrati: 29g; Fibra: 7g

Zuppa vegetariana di fagioli neri

Tempo di preparazione: 45 minuti

Porzioni: 4

ingredienti

- Patate: 3 tazze tritate
- Fagioli neri: 1 tazza può risciacquare e drenare
- Sedano: 4 gambi affettati
- Rosmarino fresco: 3 rametti
- Carote: 4 grandi affettate
- Olio vegetale: 2 cucchiai
- Aglio: 2 spicchi tritati
- Slitte: 2 piccoli a dadini
- Brodo vegetale: 4 tazze
- Broccoli: 1 tazza cimette
- Cavolo: 1 tazza tritata
- Sale e pepe nero: secondo le tue esigenze

Indicazioni:

1. Prendi una grande pentola e aggiungici dell'olio
2. Sulla fiamma media aggiungere slitte, aglio, sedano e cipolla
3. Aggiungere sale e pepe e mescolare per 5 minuti fino a quando non diventano marroni

4. Ora aggiungere patate e broccoli e condire di nuovo con sale e pepe e soffriggere per due minuti

5. Versare brodo vegetale e aggiungere rosmarino e portare a ebollizione il composto

6. Abbassare il fuoco ora e lasciarlo cuocere il tempo: per 20 minuti fino a quando le patate si ammorbidiscono

7. Includere cavolo e fagioli neri; mescolare, coprire e tempo di cottura: per 5 minuti

8. Regolare il condimento complessivo e aggiungere sale e pepe se necessario

nutrizione:

Carboidrati: 43.5g

Proteine: 7.72g

Grassi: 8.6g

Calorie: 248,5 Kcal

Brodo vegetale di radice

Tempo di preparazione: 5 minuti • Tempo di cottura: tempo:
1 ora e 38 minuti •Porzioni: circa 6 tazze

ingredienti

- 1 cucchiaio di olio d'oliva
- 1 cipolla grande, tritata grossolanamente
- 2 carote medie, tritate grossolanamente
- 2 pastaggi medi, tritati grossolanamente
- 1 rapa media, tritata grossolanamente
- 8 tazze d'acqua
- 1 patata bianca media, non pelata e squartata
- 3 spicchi d'aglio, nonpetiati e schiacciati
- 3/4 tazza prezzemolo fresco tritato grossolanamente
- 2 foglie di alloro
- 1/2 cucchiaino di pepe nero
- 1 cucchiaino di sale

Indicazioni

1. In una grande pentola, scaldare l'olio a fuoco medio.
   Aggiungere la cipolla, le carote, le pastazze e la rapa.
   Tempo di copertura e cottura: fino ad ammorbidirsi,
   circa 8 minuti. Mescolare l'acqua. Aggiungere patate,
   aglio, prezzemolo, alloro, grani di pepe e sale. Portare a
   ebollizione e quindi ridurre il calore a fuoco basso e

cuocere a fuoco lento, scoperto, per 11/2 ore.

2. Mettere da parte per raffreddare, quindi filtrare attraverso un setaccio a maglie fini in una grande ciotola o pentola, premendo contro i solidi con la parte posteriore di un cucchiaio per rilasciare tutto il liquido. Scartare i solidi. Raffreddare completamente il brodo, quindi porzionare in contenitori ben coperti e conservare in frigorifero per un massimo di 4 giorni o congelare per un massimo di 3 mesi.

Brodo vegetale di funghi

Tempo di preparazione: 5 minuti • Tempo di cottura: tempo:
1 ora e 37 minuti • Porzioni: circa 6 tazze

ingredienti

- 1 cucchiaio di olio d'oliva
- 1 cipolla media, nonpeeled e squartata
- 1 carota media, tritata grossolanamente
- 1 costola di sedano con foglie, tritate grossolanamente
- 8 once di funghi bianchi, leggermente risciacquati, accarezzati asciutti e tritati grossolanamente
- 5 funghi shiitake o porcini secchi, imbevuti di 2 tazze di acqua calda, drenato, ammollo liquido teso e riservato
- 3 spicchi d'aglio, nonpetiati e schiacciati
- 1/2 tazza prezzemolo fresco tritato grossolanamente
- 2 foglie di alloro
- 1/2 cucchiaino di pepe nero
- 1 cucchiaino di sale
- 5 tazze d'acqua

Indicazioni

1. In una grande pentola, scaldare l'olio a fuoco medio. Aggiungere la cipolla, la carota, il sedano e i funghi bianchi. Tempo di copertura e cottura: fino ad ammorbidirsi, circa 7 minuti. Mescolare i funghi secchi

ammorbiditi e il liquido di ammollo riservato, insieme all'aglio, al prezzemolo, alle alloro, ai grani di pepe, al sale e all'acqua. Portare a ebollizione e quindi ridurre il calore a fuoco basso e cuocere a fuoco lento, scoperto, per 11/2 ore.

2. Mettere da parte per raffreddare, quindi filtrare attraverso un setaccio a maglie fini in una grande ciotola o pentola, premendo contro i solidi con la parte posteriore di un cucchiaio per rilasciare tutto il liquido. Scartare i solidi. Raffreddare completamente il brodo, quindi porzionare in contenitori ben coperti e conservare in frigorifero per un massimo di 4 giorni o congelare per un massimo di 3 mesi.

SALSE E CONDIMENTI

Salsa di pasta bolognese

Tempo di preparazione: 5 MinutiServing: 6

ingredienti:

- 2 cucchiai di olio d'oliva
- può schiacciare i pomodori
- 1/4 tazza foglie di basilico
- 1/4 tazza prezzemolo tritato
- 1 cipolla tritata
- 3 cucchiai di succo di limone
- 2 gambi di sedano, a dadini
- 2 carote, grattugiate
- 2 spicchi d'aglio tritati
- Sale e pepe, a piacere

Indicazioni:

1. Scaldare l'olio d'oliva in vaso istantaneo.
2. Aggiungere cipolla, carote e sedano. Tempo di cottura: 3 minuti.
3. Aggiungere aglio e tempo di cottura: 2 minuti.

4. Aggiungere gli ingredienti rimanenti e bloccare il coperchio in posizione.

5. Alta pressione 2 minuti.

6. Utilizzare un rilascio di pressione naturale Directions.

7. Aprire il coperchio e trasferirlo in una ciotola.

8. Servire con la pasta.

Deliziosa salsa barbecue

Tempo di preparazione: 7 MinutiServing: 6

ingredienti:

- 1/4 tazza di olio di cocco

- 1 cucchiaio di melassa

- 1 tazza di aceto di sidro crudo

- 2 cucchiaini di salsa worcestershire vegana

- 1 cucchiaino di amino di cocco

- 1 cucchiaio di senape di Digione

- 1 buon pizzico pepe di Cayenna

- 1/3 tazza di zucchero di cocco

Indicazioni:

1. Scaldare l'olio di cocco in pentola istantanea su Sauté.

2. Aggiungere gli ingredienti rimanenti e bloccare il coperchio in posizione.

3. Selezionare Manuale e alta pressione 5 minuti.

4. Rilasciare la pressione con una direzione di rilascio a pressione rapida.

5. Aprire il coperchio e trasferirlo nella ciotola.

6. Servire o conservare in frigo.

Chipotle Bean Cheesy Dip

Tempo di preparazione: 10 minutiServing: 3 tazze

ingredienti:

- 2 tazze pinto fagioli, cotti, purè
- 1 cucchiaio di chipotle chiles in adobo, tritato
- 1/4a acquacup
- 1/2cup formaggio cheddar vegano triturato
- Salsa di pomodoro 3/4cup
- 1teaspoon peperoncino in polvere
- sale

Indicazioni:

1. In una ciotola unire i purè di fagioli, chipotle cile, salsa, peperoncino in polvere e acqua in una pentola istantanea.

2. Mescolare bene e coprire con coperchio.

3. Tempo di cottura: per circa 5 minuti.

4. Aggiungere il formaggio cheddar e il sale e servire caldo.

5. Scolare i pomodori e aggiungere a un frullatore.

Tuffo di spinaci di carciofo

Tempo di preparazione: 5 MinutiServings: 3 tazze 1/2

ingredienti:

- 1(spinaci confezionati da 10 oncia, tritati
- 1/3 tazzalievito nutrizionale
- 2(8-ouncejars cuori di carciofo marinati
- 1/2teaspoon salsa Tabasco
- 3scallions, tritato
- 1 cucchiaino di succo di limone fresco
- 1cup crema di formaggio vegano
- 1/2teaspoon sale

Indicazioni:

1. Scolate i cuori di carciofo e tritateli finemente.
2. Aggiungere gli scalogni, il succo di limone, il sale, i cuori di carciofo, la salsa, gli spinaci e il lievito in una pentola istantanea.
3. Tempo di copertura e cottura: per circa 3 minuti.
4. Aggiungere il formaggio e mescolare bene.
5. Servire caldo.

Tuffo al formaggio vegano

Tempo di preparazione: 30 minuti

Porzioni: 10

ingredienti:

- 1 7.1 Oncia Daiya Medium Cheddar Style Block o altro blocco di formaggio vegano, a cubetti
- 1 8 Ounce Bag Daiya Pepejack Stile Brandelli
- 1 cucchiaio di burro vegano
- 1 Tub Daiya Plain Cream Cheeze Style Spread, Tofu Cream Cheese o altri crema di formaggio vegano spalmabile
- 1 cucchiaio di aglio in polvere
- 1 cucchiaino di curcuma
- 1 cucchiaio di latte di mandorla semplice non zuccherato
- 1 cucchiaio di origano essiccato
- 1 tazza acqua

Indicazioni:

1. Mettere tutti gli ingredienti nella pentola istantanea e sigillare.
2. Utilizzare l'impostazione manuale e impostare su 5 minuti.
3. Rilasciare rapidamente e rimuovere il coperchio al

termine della cottura.

4. Sbattere immediatamente fino a quando liscio. godere!

Spuntino

Germogli succosi di Bruxelles

Tempo di preparazione: 10 minuti

Tempo di cottura: 10 minuti

Tempo totale: 20 minuti

Porzioni: 04

ingredienti:

- Cavoletti bruxelles da 1 sterlina, tagliati
- 1/4 tazza cipolle verdi, tritate
- 6 pomodorini, dimezzati
- 1 cucchiaio di olio d'oliva
- Sale e pepe nero a piacere

Come prepararsi:

1. Prendi una teglia adatta per adattarsi alla friggitrice ad aria.

2. Toss cavoletti di Bruxelles con sale e pepe nero nel

piatto.

3. Mettere questo piatto nella friggitrice ad aria e sigillare la friggitrice.

4. Tempo di cottura: i germogli per 10 minuti a 350 gradi F in modalità friggitrice ad aria.

5. Mescolare questi germogli con cipolle verdi, pomodori, olio d'oliva, sale e pepe in un'insalatiera.

6. divorare.

Valori nutrizionali:

Calorie 361

Grasso totale 16,3 g

Grassi saturi 4,9 g

Colesterolo 114 mg

Sodio 515 mg

Carboidrati totali 29,3 g

Fibra 0,1 g

Zucchero 18,2 g

Proteine 3,3 g

Bruschetta di pomodoro avocado

Tempo di preparazione: 10 minuti

Tempo di cottura: 0 minuti

Porzioni: 4

ingredienti:

- 3 fette di pane integrale
- 6 pomodorini tritati
- 1/2 di avocado a fette
- 1/2 cucchiaino di aglio tritato
- 1/2 cucchiaino di pepe nero macinato
- 2 cucchiai di basilico tritato
- 1/2 cucchiaino di sale marino
- 1 cucchiaino di aceto balsamico

Indicazioni:

1. Mettere i pomodori in una ciotola, quindi mescolare nell'aceto fino a quando non viene mescolato. Le fette di pane superiore con fette di avocado, quindi si ricaricano uniformemente con miscela di pomodoro, aglio e basilico e condire con sale e pepe nero.

2. Servire subito

nutrizione:

Calorie: 131 Cal

Grassi: 7,3 g

Carboidrati: 15 g

Proteine: 2,8 g

Fibra: 3,2 g

Porri con burro

Tempo di preparazione: 10 minuti

Tempo di cottura: 7 minuti

Tempo totale: 17 minuti

Porzioni: 04

ingredienti:

- 1 cucchiaio di burro vegano, fuso
- 1 cucchiaio di succo di limone
- 4 porri, lavati e dimezzati
- Sale e pepe nero a piacere

Come prepararsi:

1. Prendi una teglia adatta per adattarsi alla friggitrice ad aria.
2. Tossare i porri con burro, sale e pepe nero nel piatto.
3. Mettere il piatto nel cesto della friggitrice ad aria.
4. Sigillare la friggitrice e il tempo di cottura: le carote per 7 minuti a 350 gradi F in modalità friggitrice ad aria.
5. Aggiungere un filo di succo di limone.
6. Mescolare bene quindi servire.

Valori nutrizionali:

Calorie 231

Grasso totale 20,1 g

Grassi saturi 2,4 g

Colesterolo 110 mg

Sodio 941 mg

Carboidrati totali 20,1 g

Fibra 0,9 g

Zucchero 1,4 g

Proteine 4,6 g

Asparagi fritti

Tempo di preparazione: 10 minuti

Tempo di cottura: 8 minuti

Tempo totale: 18 minuti

Porzioni: 04

ingredienti:

- 2 libbre di asparagi freschi, tagliati
- 1/2 cucchiaino di origano, essiccato
- 4 once di formaggio feta vegano, sbriciolato
- 4 spicchi d'aglio tritati
- 2 cucchiai di prezzemolo, tritato
- 1/4 cucchiaino fiocchi di peperone rosso
- 1/4 tazza di olio d'oliva
- Sale e pepe nero al gusto
- 1 cucchiaino di scorza di limone
- 1 limone, spremuto

Come prepararsi:

1. Unire la scorza di limone con origano, scaglie di pepe, aglio e olio in una grande ciotola.
2. Aggiungere asparagi, sale, pepe e formaggio alla ciotola.
3. Lancia bene per rivestire, quindi metti gli asparagi nel cesto della friggitrice ad aria.

4. Sigillare la friggitrice e il tempo di cottura: per 8 minuti a 350 gradi F in modalità friggitrice air.

5. Guarnire con prezzemolo e succo di limone.

Goditi il caldo.

Valori nutrizionali:

Calorie 201

Grassi totali 8,9 g

Grassi saturi 4,5 g

Colesterolo 57 mg

Sodio 340 mg

Totale carboidrati 24,7 g

Fibra 1,2 g

Zucchero 1,3 g

Proteine 15,3 g

Salsa al formaggio Nacho

Tempo di preparazione: 5 minuti

Tempo di cottura: 10 minuti

Porzioni: 4

ingredienti:

- 3 cucchiai di farina
- 1/4 cucchiaino di sale all'aglio
- 1/4 di cucchiaino di sale
- 1/2 cucchiaino di cumino
- 1/4 di cucchiaino di paprika
- 1 cucchiaino di peperoncino rosso in polvere
- 1/8 cucchiaino di cayenna in polvere
- 1 tazza yogurt vegano di anacardi
- 1 1/4 tazze brodo vegetale

Indicazioni:

1. Prendi una piccola casseruola, mettila a fuoco medio, versa brodo vegetale e portala a ebollizione.
2. Quindi sbattere insieme farina e yogurt, aggiungere al brodo bollente, mescolare tutte le spezie, passare il calore a livello medio-basso e tempo di cottura: per 5 minuti fino ad addensarsi.
3. Servire subito.

nutrizione:

Calorie: 282 Cal

Grasso: 1 g

Carboidrati: 63 g

Proteine: 3 g

Fibra: 12 g

Carote al burro

Tempo di preparazione: 10 minuti

Tempo di cottura: 10 minuti

Tempo totale: 20 minuti

Porzioni: 04

ingredienti:

- 2 tazze carote bambino
- 1 cucchiaio di zucchero di canna
- 1/2 cucchiaio di burro vegano, fuso
- Un pizzico ogni sale e pepe nero

Come prepararsi:

1. Prendi una teglia adatta per adattarsi alla friggitrice ad aria.

2. Toss carote con zucchero, burro, sale e pepe nero nella teglia.

3. Mettere il piatto nel cesto della friggitrice ad aria e sigillare la friggitrice.

4. Tempo di cottura: le carote per 10 minuti a 350 gradi F in modalità friggitrice ad aria.

5. godere.

Valori nutrizionali:

Calorie 119

Grasso totale 14 g

Grassi saturi 2 g

Colesterolo 65 mg

Sodio 269 mg

Carboidrati totali 19 g

Fibra 4 g

Zucchero 6 g

Proteine 5g

Patate al prezzemolo

Tempo di preparazione: 10 minuti

Tempo di cottura: 10 minuti

Tempo totale: 20 minuti

Porzioni: 4

ingredienti:

- Patate d'oro da 1 libbra, affettate
- 2 cucchiai di olio d'oliva
- 1/4 tazza foglie di prezzemolo, tritate
- Succo da 1/2 limone
- Sale e pepe nero a piacere

Come prepararsi:

1. Prendi una teglia adatta per adattarsi alla friggitrice ad aria.
2. Mettici le patate e condile liberamente con sale, pepe, olio d'oliva e succo di limone.
3. Mettere la teglia nel cestino della friggitrice ad aria e sigillare.
4. Tempo di cottura: le patate per 10 minuti a 350 gradi F in modalità friggitrice ad aria.
5. Servire caldo con guarnitura prezzemolo.
6. divorare.

Valori nutrizionali:

Calorie 205

Grasso totale 22,7 g

Grassi saturi 6,1 g

Colesterolo 4 mg

Sodio 227 mg

Totale carboidrati 26,1 g

Fibra 1,4 g

Zucchero 0,9 g

Proteine 5,2 g

DESSERT E BEVANDE

Dessert al limone

Tempo di preparazione: 45 MinutiServing: 10

ingredienti:

- 2 tazze di zucchero
- 2 tazze di olio vegetale
- 1/2 tazza di farina per tutti gli usi
- 1 cucchiaio di sostituzione delle uova senza latticini
- 1 cucchiaino lievito in polvere

Condimento al limone:

- 4 tazze di zucchero
- 5 tazze d'acqua
- 1 tazza succo di limone appena spremuto
- 1 cucchiaio di scorza di limone
- 1 limone intero, affettato

Indicazioni:

1. In una grande ciotola, unire il sostituitore di uova con zucchero, olio e lievito in polvere. Aggiungere gradualmente la farina fino a quando la miscela è spessa e leggermente appiccicosa. Usando le mani, modella le palle e appiattile fino a mezzo pollice di spessore.

2. Mettere in una padella a forma di molla di montaggio e collegare la pentola istantanea. Versare due tazze

d'acqua in un inserto in acciaio inossidabile e posizionare delicatamente la padella a molla. Coprire la forma a molla con un foglio e sigillare il coperchio. Impostare la maniglia del rilascio del vapore e premere il pulsante "Manuale". Impostare il timer per 20 minuti.

3. Dopo aver sentito il segnale finale del fornello, eseguire un rilascio rapido e aprirlo. Rimuovere delicatamente la forma a molla e il foglio. Raffreddare a temperatura ambiente.

4. Ora, aggiungi lo zucchero rimanente, l'acqua, il succo di limone, la scorza di limone e le fette di limone nella tua pentola istantanea. Premere il pulsante "Sautee" e cuocere delicatamente a fuoco lento fino a quando lo zucchero non si scioglie. Premere il pulsante "Annulla" e rimuovere la miscela di limone.

5. Versare il condimento caldo sul dessert freddo e mettere da parte, permettendogli di immergere il condimento al limone.

Pane di marmo

Tempo di preparazione: 35 MinutiServing: 6

ingredienti:

- 1 tazza di farina per tutti gli usi
- 1 1/2 cucchiaino lievito in polvere
- 1 cucchiaio di stevia in polvere
- 1/2 cucchiaino sale
- 1 cucchiaino estratto di ciliegia, senza zucchero
- 3 cucchiai di burro di mandorle, ammorbidito
- 3 cucchiai di semi di lino, mescolati con 1/2 tazza di acqua calda
- 1/4 tazza cacao in polvere, senza zucchero
- 1/4 tazza crema acida vegana

Indicazioni:

1. Unire tutti gli ingredienti secchi tranne il cacao in una grande ciotola. Mescolare bene per combinare e quindi aggiungere la miscela di semi di lino. Battere bene con un attacco gancio pasta per un minuto. Ora, aggiungi panna acida vegana, burro di mandorle ed estratto di ciliegia. Continua a battere per altri 3 minuti.

2. Dividere la miscela a metà e aggiungere cacao in polvere in metà della miscela. Versare la pastella leggera nell'inserto in acciaio inossidabile della pentola

istantanea. Cospargere con pasta di cacao per creare un bel motivo in marmo.

3. Chiudere il coperchio e regolare la maniglia di rilascio del vapore. Premere il pulsante "Manuale" e impostare il timer per 20 minuti. Tempo di cottura: a bassa pressione.

4. Al termine, premere il pulsante "Annulla" e rilasciare la pressione del vapore in modo naturale. Lasciare raffreddare per un po 'prima del trasferimento sul piatto da portata.

5. Rimuovere con cura utilizzando una grande spatola e raffreddare completamente prima di servire.

6. godere!

Budino di zucca dolce

Tempo di preparazione: 30 MinutiServing: 10

ingredienti:

- 2 libbre di zucca fresca, tritata
- 1 tazza di zucchero di canna
- 2 cucchiai di succo di zucca
- 4 cucchiai di amido di mais
- 2 cucchiai di scorza di limone
- 1 cucchiaino noce moscata macinata
- 10 tazze d'acqua

Indicazioni:

1. Sbucciare e preparare la zucca. Raschiare i semi e tritare a pezzi delle dimensioni di un morso.

2. Collega la tua pentola istantanea e posiziona la zucca nell'inserto in acciaio inossidabile. In un'altra ciotola, unire lo zucchero con il succo di zucca. Mescolare bene fino a quando lo zucchero si dissolve completamente. Ora, versare il composto nel fornello e mescolare in una tazza di amido di mais. Aggiungere cannella, chiodi di garofano e acqua. Dagli un buon scalpore.

3. Chiudere il coperchio e premere il pulsante "Manuale". Impostare il timer per 10 minuti.

4. Quando si sente il segnale del fornello, eseguire un

rapido rilascio della pressione. Aprire il fornello e versare il budino in 4 ciotole da portata. Raffreddare a temperatura ambiente e quindi trasferire in frigorifero.

Torta al cioccolato

Tempo di preparazione: 45 MinutiServing: 12
ingredienti:

- 3 tazze di yogurt di soia
- 3 tazze di farina per tutti gli usi
- 2 tazze di zucchero semorato
- 1 tazza di olio
- 2 cucchiaino di bicarbonato di sodio
- 3 cucchiai di cacao, non zuccherato

Per lo smalto:

- 7 oz cioccolato fondente
- 10 cucchiai di zucchero
- 10 cucchiai di latte di mandorla
- 5 oz burro di mandorle, non salato

Indicazioni:

1. In una grande ciotola, unire yogurt di soia, farina, zucchero, olio, bicarbonato di sodio e cacao. Batti bene

con un mixer elettrico in alto.

2. Trasferire la miscela in una grande padella a forma di molla. Avvolgere la padella in un foglio e posizionare nella pentola istantanea. Sigillare il coperchio e impostare la maniglia di rilascio del vapore. Premere il tasto "Manuale" e impostare il timer su 30 minuti.

3. Quando si sente il segnale finale del fornello, eseguire il rilascio rapido e aprirlo. Rimuovere delicatamente la padella a forma di molla e scartare. Rilassati bene.

4. Nel frattempo, sciogliere il cioccolato in un forno a microonde. Trasferire in una ciotola di medie dimensioni e sbattere nel burro di mandorle, nel latte di mandorla e nello zucchero. Sbattere bene con un mixer elettrico e versare il composto sulla torta.

5. Conservare in frigorifero per almeno due ore prima di servire.

Dolce semplice di fico

Tempo di preparazione: 30 MinutiServing: 4

ingredienti:

- 2 libbre fichi freschi
- 1 lb di zucchero
- 2 cucchiai di scorza di limone
- 1 cucchiaino noce moscata macinata
- 10 tazze d'acqua

Indicazioni:

1. Risciacquare bene i fichi e scolarli in un grande colino.

2. Collega la tua pentola istantanea e premi il pulsante "Sautee". Aggiungere fichi, zucchero, acqua, noce moscata e scorza di limone. Dare una buona agitazione e cuocere, mescolando di tanto in tanto, fino a quando metà dell'acqua evapora.

3. Opzionalmente, è possibile aggiungere 1/2 tazza di limone appena spremuto o succo di lime per ridurre il sapore dolce.

4. Premere il pulsante "Annulla" e trasferire i fichi con il liquido rimanente in barattoli di vetro, senza coperchi. Raffreddare a temperatura ambiente e chiudere i coperchi. Conservare in frigorifero durante la notte prima dell'uso.

Crema caramellata

Tempo di preparazione: 30 MinutiServing: 4

ingredienti:

- 1/2 tazza di zucchero seulato, diviso a metà
- 1/2 tazza d'acqua
- 3 cucchiai di semi di lino, mescolati con 1/2 tazza di acqua calda
- 1/2 cucchiaino di estratto di vaniglia
- 1/2 tazza di latte di mandorla
- 5 oz crema di cocco, montata

Indicazioni:

1. Collegare la pentola istantanea e premere il pulsante "Sautee".

2. In un inserto in acciaio inox, unire 1/4 tazza di zucchero semorato con acqua. Cuocere delicatamente a fuoco lento, mescolando costantemente, fino a quando lo zucchero si dissolve uniformemente e si trasforma in un bel caramello dorato. Premere il tasto "Annulla" e rimuovere l'inserto in acciaio. Mettere da parte per 2-3 minuti, fino a quando le bolle scompaiono. Versare in ramekins e mettere da parte.

3. Pulire l'inserto in acciaio e rimetterlo nella pentola istantanea.

4. Ora, combina il latte di mandorla con panna di cocco montata ed estratto di vaniglia. Premere di nuovo il pulsante "Sautee" e cooking time: per circa 5 minuti, o fino a quando non si formano piccole bolle. Premere il pulsante "Annulla" e rimuovere dal fornello.

5. Utilizzando un miscelatore elettrico, sbattere la miscela di semi di lino e lo zucchero rimanente. Aggiungere gradualmente la miscela di panna e sbattere fino a ben combinato. Ora, versare il composto in piccole ciotole a prova di forno e mettere da parte.

6. Prendi una padella a forma di molla adatta e posiziona i ramekins in esso. Inserire la padella nella pentola istantanea e versare abbastanza acqua nella padella della forma a molla per raggiungere metà delle ciotole. Coprire la padella con un pezzo di foglio e chiudere il coperchio.

7. Premere il pulsante "Manuale" e impostare il timer per 15 minuti. Quando si sente il segnale finale del fornello, eseguire un rilascio rapido e rimuovere il coperchio. Il caramello alla crema dovrebbe essere bello e impostato. Se non sei sicuro, inserisci uno stuzzicadenti nel mezzo. Verrà fuori pulito.

8. Rimuovere i ramekins dal fornello e raffreddare completamente a temperatura ambiente. Fare

attenzione a non refrigerare fino a quando non è completamente refrigerato. Altrimenti, la crema avrà crepe e cambierà la sua struttura.

Rilassati durante la notte.

Frittelle di frutti di bosco

Tempo di preparazione: 20 MinutiServing: 3

ingredienti:

- 1 tazza di farina di grano saraceno
- 2 cucchiaino lievito in polvere
- 1 1/4 tazza latte di mandorla
- 1 cucchiaio di semi di lino mescolati con 3 cucchiai di acqua calda
- 1/2 cucchiaino sale
- 1 cucchiaino zucchero vanigliato
- 1 cucchiaino estratto di fragola
- 1 tazza crema di cocco
- 1 tazza di bacche selvatiche fresche

Indicazioni:

1. In una ciotola di medie dimensioni, unire il latte di mandorla e la miscela di semi di lino. Batti bene con un attacco frustante in alto , fino a quando non è schiumoso. A poco a poco, aggiungere la farina e continuare a battere fino a quando combinato.

2. Ora, aggiungi lievito in polvere, sale e zucchero alla vaniglia. Continua a battere in alto per altri 3 minuti.

3. Collega la tua pentola istantanea e ungere l'inserto in acciaio inossidabile con un po 'di olio. Cucchiaio 2-3 cucchiai di pastella nella pentola. Chiudere il coperchio e impostare su bassa pressione. Premere il pulsante "Manuale" e impostare il timer per 5 minuti. Eseguire un rilascio rapido e ripetere il processo con la pastella rimanente.

4. Completa ogni pancake con un cucchiaio di crema di cocco e bacche selvatiche. Cospargere con estratto di fragola e servire immediatamente.

CPSIA information can be obtained
at www.ICGtesting.com
Printed in the USA
BVHW040932300421
605946BV00016B/175

9 781802 418460